Pequeños EXPERTOS EN ecología

Formas de reciclaje

Reciclaje

Como ser guardianes del planeta

PowerKiDS press

Published in 2023 by PowerKids, an Imprint of Rosen Publishing
29 East 21st Street, New York, NY 10010

Cataloging-in-Publication Data
Names: Editorial Sol 90 (Firm).
Title: Formas de reciclaje / by the editors at Sol90.
Description: New York : Powerkids Press, 2023. | Series: Pequeños expertos en
ecología
Identifiers: ISBN 9781725337329 (pbk.) | ISBN 9781725337343 (library bound) |
ISBN 9781725337336 (6pack) | ISBN 9781725337350 (ebook)
Subjects: LCSH: Recycling (Waste, etc.)--Juvenile literature. | Renewable
natural resources--Juvenile literature. | Environmental responsibility--
Juvenile literature.
Classification: LCC TD794.5 W397 2023 | DDC 333.7--dc23

Coordinación: Nuria Cicero
Edición: Alberto Hernández
Edición, español: Diana Osorio
Maquetación: Àngels Rambla
Adaptación de diseño: Raúl Rodriguez, R studio T, NYC
Equipo de obra: Vicente Ponce, Rosa Salvía, Paola Fornasaro
Asesoría científica: Teresa Martinez Barchino

Infografías e imágenes:
www.infographics90.com
Agencias: Getty/Thinkstock, AGE Fotostock, Cordon Press/Corbis, Shutterstock.

Manufactured in the United States of America

CPSIA Compliance Information: Batch #CSPK23. For Further Information contact
Rosen Publishing, New York, New York at 1-800-237-9932.
Find us on

CONTENIDO

¿QUÉ ES EL RECICLAJE?

Reciclar es separar residuos o basura: papel, cartón, metal, plástico, vidrio y materia orgánica, para ser reutilizados, transformándolos en productos nuevos.

Si reciclamos y aprovechamos el valor material de la basura, mejoramos el medio ambiente, porque ahorramos materias primas y energía.

Mira:
este es
el símbolo
del reciclaje

La cantidad de basura que se genera es uno de los más grandes problemas del medio ambiente. Por eso, hay que reducir esa cantidad y reciclarla.

90% de la basura doméstica se puede reciclar

POR QUÉ ES BUENO RECICLAR

Disminuye la contaminación

Además de reducir el volumen de basura, se evita su acumulación en los vertederos, en los que se generan sustancias que contaminan el aire.

Ahorra recursos naturales

Los árboles tardan muchos años en crecer. Por eso, si se recicla el papel, podemos evitar que se talen más árboles y, por tanto, la deforestación.

Ahorra energía

Se gasta muchísima
más energía
en la extracción
y fabricación
de materiales nuevos
que en su proceso de
reciclaje.

¿SABÍAS QUE?

Gracias al reciclaje evitamos la destrucción del medio ambiente. Alargamos la vida de los materiales y podemos vivir en un mundo más limpio.

El vidrio está hecho con materiales que requieren mucha energía para su fabricación. En cambio, para fundir vidrio desechado se necesita menos energía.

El aluminio es reutilizable al 100%. Producir este material a través del que se recicla consume hasta un 95% menos de energía que si se hace a partir del tratamiento de la bauxita, el material del que proviene.

El plástico proviene del petróleo. Al reciclarlo se evita extraer esta materia prima en exceso, pues puede contaminar.

Cuando reciclamos el papel, estamos reduciendo la tala de árboles y un gran gasto de agua y energía.

DATOS CURIOSOS

Con materiales reciclados se pueden hacer muchos productos, incluso diferentes al material de origen. Algunos casos son sorprendentes. Fíjate qué se puede hacer con…

Latas de metal

Bicicleta

670

Botellas de plástico

27

Chaqueta impermeable

¿SABÍAS QUE?

Puede ser un problema que gastemos demasiada cantidad de papel. Sobre todo, si luego no lo reciclamos.

Árbol

1 =

74 kg

Hojas de papel

Papel

12.500

El papel se fabrica con la pulpa de madera de los árboles.

Cada persona gasta
casi 295 kg de papel
al año.

Persona

1

295 kg

Pero la mayoría de este
papel se puede reciclar.
Así evitamos que se
talen más árboles.

CÓMO RECICLAR EL PAPEL

Periódicos, hojas, sobres, papel impreso, cajas, cartón…

Se enrolla en bobinas.

Se prensa la pasta para hacer el papel.

Recogida en el contenedor destinado
al papel. En cada país o ciudad tiene un color
asignado. Generalmente es azul.

Primero se clasifica y se trocea.

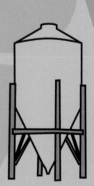

Se fabrica la pasta de papel.

POR QUÉ SE NECESITA RECICLAR EL PAPEL

Evita que se talen árboles.

Reduce la cantidad de residuos generados.

A más papel reciclado, más:
papel higiénico,
bolsas,
sobres,
arena para gatos
¡y mucho más!

Al reciclar papel se reduce el consumo energético en comparación con la fabricación directa desde madera de los árboles.

CÓMO RECICLAR EL PLÁSTICO

Botellas, bolsas, garrafas, tarrinas de yogur, envases...

Se fabrican nuevos envases plásticos.

El plástico queda granulado.

Recogida de envases de plástico en el contenedor del color asignado en tu ciudad. Usualmente es amarillo.

Los envases se separan por tipos de plástico.

Se lavan y se trituran por separado.

POR QUÉ SE NECESITA RECICLAR EL PLÁSTICO

Para contaminar menos y evitar la acumulación de basura.

Qué se puede fabricar con plástico reciclado:

juguetes,
sillas,
cubiertos,
platos,
vasos,
bolsas,
botellas
¡y mucho más!

Porque se ahorra energía y recursos naturales.

Porque reciclar plástico requiere menos energía que fabricar plástico a partir de materias primas.

Separa los plásticos por tipos.

El tapón está hecho de un tipo de plástico. La botella es de otro tipo diferente.

CÓMO RECICLAR EL VIDRIO

Botellas, vasos, tarros, envases...

Se fabrican nuevos envases.

Recogida de envases de plástico en el contenedor del color asignado en tu ciudad. Usualmente es verde.

Se funde en la fábrica de vidrio.

POR QUÉ SE NECESITA RECICLAR EL VIDRIO

Porque es uno de los materiales más fáciles de reciclar, porque se puede fundir a temperaturas muy altas y, una vez fundido, se vuelve a utilizar.

Es muy fácil de reciclar

Dato curioso

Con 4 botellas recicladas se ahorra la electricidad necesaria para mantener encendido un frigorífico todo el día.

4

Botellas recicladas

=

1

Refrigerador prendido todo el día

¡Porque es 100% reciclable!

Porque se ahorra el consumo de muchos de los materiales que lo componen y una importante cantidad de energía. ¿Por qué? Porque para fundir vidrio desechado se requiere menos temperatura que para fabricarlo con materias primas.

Reduce energía y materiales

POR QUÉ SE NECESITA RECICLAR EL METAL

El metal es un recurso natural que se extrae de las minas. El acero y el aluminio son distintos tipos de metales. Si los reciclamos, reducimos la extracción de materias primas.

Reduce la extracción de materias primas

Proceso de reciclaje

Los objetos metálicos se despedazan y se funden para volver a utilizar el metal. Para separar el metal de otros materiales que componen un producto se utiliza un imán de gran tamaño que atrae metales.

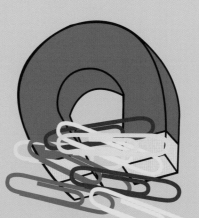

El acero es completamente reciclable y podría ser reciclado un número ilimitado de veces, sin perder calidad.

Se puede reciclar ilimitadamente sin perder calidad

En su interior, los tetrabriks contienen una capa de aluminio que se separa del resto de materiales.

Dato curioso

MATERIALES ESPECIALES

Para el resto de residuos existen puntos limpios que recogen muebles usados, electrodomésticos, hierros, maderas, restos de jardinería...

Neumáticos

Son de caucho, se trituran y sirven para hacer tuberías del agua, por ejemplo.

Aparatos eléctricos

Si aún funcionan, se pueden dar a alguna asociación que los haga llegar a quien los necesite. Si están rotos, se reciclan para hacer otros aparatos.

Y contenedores especiales para pilas, móviles, aceite usado de cocina, bombillas...

Aceite, tinta y pinturas

Son muy difíciles de reciclar. Lo mejor es utilizar una impresora con cartuchos de tinta recargables.

Pilas y baterías

No se pueden tirar a la basura porque contienen sustancias muy tóxicas. Lo mejor es usar pilas recargables.

¿QUÉ PUEDES HACER TÚ?

Antes de comprar algo nuevo o de tirar algo viejo piensa si es necesario. Para reducir la cantidad de basura que producimos es importante seguir la regla de las **4 ERRES** que te prepresentamos en la siguiente página:

Reciclar

Si separamos los residuos que nosotros mismos generamos, facilitamos que sean procesados para darle un nuevo uso a algo que ya se ha utilizado.

Recuperar

Consiste en recuperar materiales o elementos que sirvan de materia prima. Por ejemplo, de las latas se pueden recuperar diferentes metales. Por eso es importante reciclarlas.

Reutilizar

Muchas cosas que van a parar a la basura podrían volver a usarse. También podemos dar las cosas que ya no usamos, como ropa o incluso juguetes, a personas que lo necesiten.

Reducir

No hay que adquirir cosas que se convertirán en basura. Si vamos a comprar que sea con la cesta. También podemos ahorrar papel leyendo un documento en la pantalla del ordenador, sin imprimirlo.

¿SABES CÓMO SE FABRICA EL PAPEL?

1

Después de cortar los árboles, los troncos se llevan a la fábrica, donde unas máquinas se encargan de convertir la madera en pasta de papel.

2

Se quita la corteza de los troncos, que se lavan y trituran. Se mezclan con agua y se hace una pasta.

3

La pasta de papel pasa por una máquina donde se prensa hasta formar extensos lienzos de papel. Estos se secan con vapor y se enrollan en grandes bobinas.

RECICLAR PAPEL EN CASA

**Hacer papel no tiene ningún secreto y además te permite reciclar.
¡Es muy fácil!**

NECESITARÁS:
- periódicos
- papel que quieras tirar
- agua
- batidora
- recipiente rectangular grande
- 2 láminas de malla de nylon o de alambre de 22 cm por 30 cm
- espátula
- rodillo de amasar

OPCIONAL: colorante • menta seca o canela • maizena

EXPERIMENT

PASO A PASO: las explicaciones en la página siguiente

PASO UNO

Coloca en la batidora el papel, cortado a pedacitos, y una taza de agua. Tritura todo bien y ya tienes lista ¡la pasta de papel!

PASO DOS

Puedes darle color y olor añadiendo colorante y especias. Para que brille, añade maizena.

PASO TRES

Pon varias hojas de periódico en el fondo del recipiente.

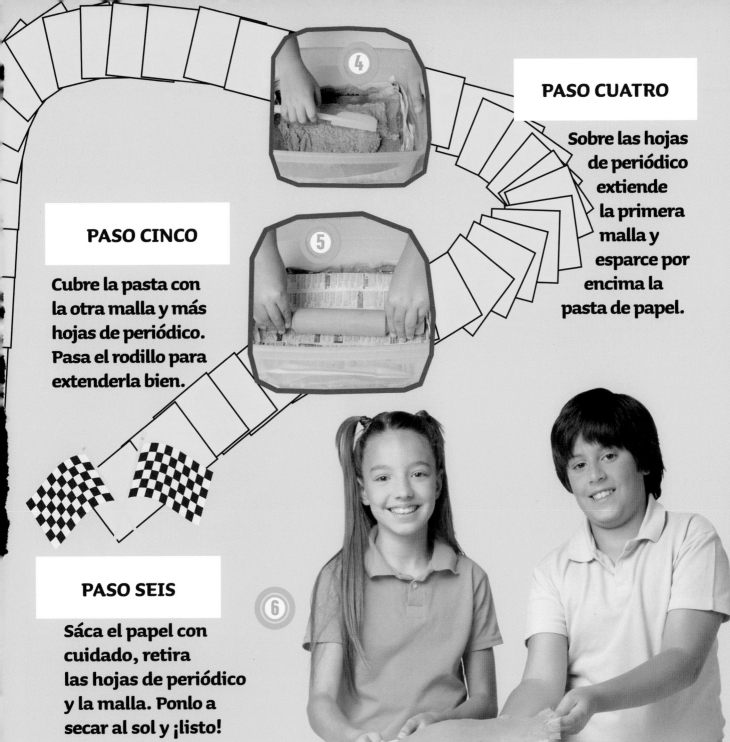

PASO CUATRO

Sobre las hojas de periódico extiende la primera malla y esparce por encima la pasta de papel.

PASO CINCO

Cubre la pasta con la otra malla y más hojas de periódico. Pasa el rodillo para extenderla bien.

PASO SEIS

Sáca el papel con cuidado, retira las hojas de periódico y la malla. Ponlo a secar al sol y ¡listo!